BEI GRIN MACHT SICH IHR WISSEN BEZAHLT

- Wir veröffentlichen Ihre Hausarbeit, Bachelor- und Masterarbeit
- Ihr eigenes eBook und Buch - weltweit in allen wichtigen Shops
- Verdienen Sie an jedem Verkauf

Jetzt bei www.GRIN.com hochladen und kostenlos publizieren

Bibliografische Information der Deutschen Nationalbibliothek:

Die Deutsche Bibliothek verzeichnet diese Publikation in der Deutschen Nationalbibliografie; detaillierte bibliografische Daten sind im Internet über http://dnb.d-nb.de/ abrufbar.

Dieses Werk sowie alle darin enthaltenen einzelnen Beiträge und Abbildungen sind urheberrechtlich geschützt. Jede Verwertung, die nicht ausdrücklich vom Urheberrechtsschutz zugelassen ist, bedarf der vorherigen Zustimmung des Verlages. Das gilt insbesondere für Vervielfältigungen, Bearbeitungen, Übersetzungen, Mikroverfilmungen, Auswertungen durch Datenbanken und für die Einspeicherung und Verarbeitung in elektronische Systeme. Alle Rechte, auch die des auszugsweisen Nachdrucks, der fotomechanischen Wiedergabe (einschließlich Mikrokopie) sowie der Auswertung durch Datenbanken oder ähnliche Einrichtungen, vorbehalten.

Impressum:

Copyright © 2018 GRIN Verlag
Druck und Bindung: Books on Demand GmbH, Norderstedt Germany
ISBN: 9783668690288

Dieses Buch bei GRIN:

https://www.grin.com/document/420599

Anonym

Verantwortung. Trägt der Mensch die Verantwortung für das, was er ist?

GRIN Verlag

GRIN - Your knowledge has value

Der GRIN Verlag publiziert seit 1998 wissenschaftliche Arbeiten von Studenten, Hochschullehrern und anderen Akademikern als eBook und gedrucktes Buch. Die Verlagswebsite www.grin.com ist die ideale Plattform zur Veröffentlichung von Hausarbeiten, Abschlussarbeiten, wissenschaftlichen Aufsätzen, Dissertationen und Fachbüchern.

Besuchen Sie uns im Internet:

http://www.grin.com/

http://www.facebook.com/grincom

http://www.twitter.com/grin_com

Inhaltsverzeichnis

1. Einleitung..2
2. Was ist Verantwortung?...3
    2.1. Selbstverantwortung..5
3. Der ontologische Freiheitsbegriff von Jean-Paul Sartre............................6
    3.1. Freiheit und Handeln..7
    3.2. Freiheit und Wille...8
4. Fazit...9
5. Literaturangaben...10

1. Einleitung

Da der Mensch die Erfahrung der Freiheit macht, also selbstbestimmt handelt und denkt, stellt sich die Frage, ob er auch selbst für das, was er ist und was er tut, verantwortlich ist. Aber ab wann ist ein Mensch frei und ab wann trägt er überhaupt Verantwortung? Diese Themen werden Inhalt der Hausarbeit sein. Inzwischen ist der Begriff Verantwortung in den alltäglichen Sprachgebrauch eingegangen. Sowohl im öffentlichen, als auch im privaten Leben trägt jeder eine gewisse Verantwortung. Jeder Berufsstand, vom Akademiker bis zum Arbeiter oder Manager wird dazu aufgefordert, Verantwortung zu übernehmen.

„Ich wünsche, daß mein Leben und meine Entscheidungen von mir selbst abhängen, nicht von äußeren Faktoren, welcher Art auch immer. Ich wünsche, mein eigenes Instrument zu sein, nicht eines, das von den Willensakten anderer Menschen abhängt. Ich möchte ein Subjekt, nicht ein Objekt sein; durch Gründe, durch bewußte Zwecke bewegt, die meine eigenen sind, nicht durch Ursachen, die mich von außen affizieren... Ich wünsche vor allem, mir selbst als denkendes, wollendes, aktives Seiendes bewußt zu sein, Verantwortung für meine Entscheidungen tragend und fähig, diese durch Bezug auf meine eigenen Ideen und Zwecke zu erklären."[1] Den freien Willen, über den in dieser Wunschvorstellung gesprochen wird, hatte mit Sicherheit schon Jeder. Der Mensch möchte unabhängig Handeln, selbst bestimmen und Entscheidungen treffen. Niemand möchte zu Dingen gezwungen werden, die er nicht möchte. Um Subjekt anstatt Objekt zu sein, muss also Verantwortung übernommen werden.

Zunächst wird die Definition des Verantwortung-Begriffes im Allgemeinen geklärt. Auf die Facette „Selbstverantwortung" werde ich dann genauer eingehen, um der Fragestellung der Hausarbeit „Trägt der Mensch die Verantwortung für das, was er ist?" näher zu kommen.

Da der Freiheitsbegriff in die Fragestellung miteinfließt, wird dieser auch geklärt. Hierbei wird Bezug zum ontologischen Freiheitsbegriff von Jean-Paul Sartre genommen. Des Weiteren wird der Zusammenhang zwischen Freiheit und Handeln, sowie Freiheit und Wille betrachtet und erklärt, was ein freier Wille und eine freie Handlung mit Verantwortung zu tun haben.

---

[1] Vgl. Walter, 1999, S. 19

2. Was ist Verantwortung?

Der Begriff Verantwortung umfasst ein weites Feld und ist somit schwierig zu definieren. In der heutigen Gesellschaft werden private, öffentliche, gesellschaftliche, politische sowie religiöse Probleme oftmals fehlender Verantwortung zugeschrieben. Der Begriff wird im Alltag immer wieder angewandt und ist für die meisten Personen ein bekannter Begriff. Verantwortung ist in jedem Bereich der Gesellschaft angekommen. Verantwortung beeinflusst unser komplettes menschliches Dasein. Egal ob freiwillig, von Natur aus vorhanden oder aufgrund einer Aufgabe übernommen. Wenn man sich intensiver mit dem Begriff befasst, wird deutlich, dass sich die Bedeutung je nach Kontext ändert. Eltern sprechen somit vor ihren Kindern in einer anderen Verantwortung als Politiker/-innen oder Lehrer/-innen. Genauso geht es dabei um das „sich verantworten", wobei je nach Situation unterschiedliche Instanzen auftreten, vor denen sich die Person „verantworten" muss. „Mensch sein, heißt: verantwortlich sein, verantwortlich für den Freund, für die Landsleute, für alle Menschen, damit unsere Welt wirklich eine <Erde der Menschen> […] werde."[2] Verantwortung bezieht sich also nicht nur auf eine Person, sondern vielmehr auf eine Handlung zwischen mehreren Instanzen. Es geht nicht nur um einen selbst, sondern auch um seine Mitmenschen und seine Umwelt.

Um nun eine genaue Definition von Verantwortung herauszufinden, müssen mehrere Themengebiete betrachtet werden. Zunächst ist wichtig, wie Arendt festhält, dass von allen Lebewesen nur der Mensch in der Lage wäre, seine Fähigkeit des Anfangenkönnens geistig zu realisieren, und in der Folge auch die Gabe besäße, einen Anfang zu machen und Verantwortung zu übernehmen.[3] Verantwortung zu übernehmen hängt oft mit einer Überwindung zusammen, die die Menschen durchlaufen müssen. Das Anfangenkönnen ist also eine Stärke des Menschen. Nicht jeder schafft es, einen Anfang zu machen. Wenn man es jedoch schafft, erfährt man gleichzeitig ein Gefühl des Stolzes.

„Im Begriff der [Verantwortung] reflektiert die Philosophie […] dass der Mensch mit der Fähigkeit ausgestattet ist sowohl zur vernünftigen Beherrschung der Welt als auch zur Wahl von praktischen Handlungen […] die sich mit dem Bewusstsein bestimmter Verpflichtungen realisieren."[4]

In der Philosophie wird demnach vorausgesetzt, dass der Mensch zum eigenständigen Denken und somit auch daraus resultierenden Handeln fähig ist. Die Auseinandersetzung mit Konsequenzen des eigenen Handelns und die Abwägung vor dem Handeln werden als Verantwortung beschrieben. Es ist also möglich, sich vor der eigenen Instanz zu verantworten,

---
[2] Riemeyer, 2007, S. 282
[3] vgl. Arendt, 1993, S. 32/33
[4] Sandkühler, 1990, 690

aber auch vor äußeren Instanzen wie der Gesellschaft. Verantwortung ist also abhängig von Instanzen, die in das Geschehen involviert sind.

Im Allgemeinen kommt der Begriff vor, wenn Tätigkeiten, an denen mehrere Personen oder nur man selbst beteiligt ist, gewissenhaft und gemäß den Anforderungen und Erwartungen vollendet werden. Dieser Auffassung nach ist der Mensch die Ursache seiner Handlungen. „Wo sich jemand verantworten muss, da ist zuvor etwas vorgefallen […] Immer aber gibt es zuerst einen Vorfall. Verantwortung kommt nach dem Fall!"[5]

Von Grund auf hat der Mensch stets ein Spektrum von Möglichkeiten. So trägt er auch die volle und ganze Verantwortung für sich selbst. Nichts legt ihn fest, nichts entschuldigt ihn. Dies nennt Sartre die ›optimistische Härte‹ seiner Philosophie.[6] Die Verantwortung wird einem nicht in die Wiege gelegt. Sie ist ein Prozess, der von Kindesalter auf gelernt und sich angeeignet werden muss. Der Mensch ist nicht nur verantwortlich für sein Handeln, sondern auch für sein Nicht-Handeln. Wenn man sich dazu entscheidet, seine Handlung zu unterlassen, muss man sich auch hierfür verantworten. Denn in dem Moment, indem man sich für das Nicht-Handeln entscheidet, trifft man einen Entschluss, auf welchen Konsequenzen oder Auswirkungen folgen, mit denen man rechnen muss.

In einigen Fällen versuchen die Menschen der Verantwortung aus dem Weg zu gehen. Sie sehen es als anstrengend und mühsam an, Verantwortung zu übernehmen. Die meisten wären in manchen Situationen viel lieber noch die kleinen Kinder, für die entschieden wird. Zudem kommt, dass Verantwortung übernehmen auch immer etwas mit Entscheidungen treffen zu tun hat. Wenn man jedoch die Folgen einer Entscheidung nicht kennt, ist man sich unsicher, ob man sich in seinen Augen „richtig" entscheidet. Der Mensch sieht somit den „Schritt ins Ungewisse" als Last an. Eine Verantwortungsübernahme zahlt sich jedoch auch oft positiv aus. Man hat die Möglichkeit, sein Leben eigenständig zu lenken und der Freiheit näher zu rücken.

---

[5] Zeit, Robert Leicht, 2003
[6] UTB Handwörterbuch

2.1. Selbstverantwortung

Als Selbstverantwortung versteht man die Verantwortung, die eine Person vor sich selbst hat. Die Selbstverantwortung hat somit nichts mit weiteren Personen zu tun. Die Verantwortung, die bisher die Erziehungsberechtigten für einen hatten, übernimmt man beim Erwachsenwerden für sich selbst. Man hört auf, Anderen oder verschiedenen Umständen die Schuld für Probleme zu geben. Man rechtfertigt sich nicht mehr vor anderen Menschen, sondern vor sich selbst. Jeder Mensch hat in seinem Leben eine bestimmte Anzahl von "Spielkarten" mitbekommen. Manche haben bessere Karten auf den Weg mitbekommen, manche schlechtere. Dies sagt jedoch nichts über den Lebensweg aus. Ein guter Spieler kann mit schlechten Karten genauso viel aus seinem Leben machen und erreichen, wie ein guter Spieler mit guten Karten. Man muss Verantwortung für sein Leben, seine Entscheidungen und seine Person übernehmen. Es liegt an uns selbst, wie wir diese Karten, ob gute oder schlechte, einsetzen.

Die Selbstverantwortung ist eine „von Natur aus bestehende Verantwortung [...], von keiner vorherigen Zustimmung abhängig, unwiderruflich und unkündbar."[7] Jeder Mensch ist demzufolge verantwortlich dafür, dass er Verantwortung übernehmen kann. Alle Menschen sind dazu aufgefordert, sich selbst Handlungsspielräume zu eröffnen und die Folgen selbst in die Hand zu nehmen. Deshalb sollte man sich immer vor Augen halten, was man unternommen hat oder was man unternehmen kann, um auch die Verantwortung tragen zu können. Um sich für sich selbst verantwortlich zu fühlen, sollte jeder Mensch wissen, wer er ist, wer er sein will und welche Fähigkeiten er hat. Zumal es nicht am wichtigsten ist, was ein Mensch in seinem bisherigen Leben mitbekommen hat, sondern was er damit anfängt. Nur wenn dies übereinstimmt, kann der Mensch sein Handeln entsprechend ausrichten.

Zum richtigen Umgang mit Verantwortung gehört ebenso, dass man sich nicht für Gefühle anderer verantwortlich macht. Jeder ist selbst verantwortlich für seine Gefühle. Wenn sich zum Beispiel jemand über mich ärgert, weil ich zu spät zu einer Verabredung gekommen bin, bin ich zwar verantwortlich für mein Zuspätkommen, jedoch nicht dafür, dass die andere Person sich ärgert. Es liegt in seiner Verantwortung wie er damit umgeht, ob er sich ärgert oder nicht. Dies bedeutet natürlich kein Freibrief für unser Verhalten anderer Menschen gegenüber. Dass jeder Mensch für seine Gefühle verantwortlich ist, entbindet uns nicht von der Verantwortung für ein menschliches Miteinander.

Selbstverantwortliches Handeln bringt einige Vorteile mit sich. Wenn man anfängt, Verantwortung zu übernehmen, hängt das eigene Wohlbefinden nicht von anderen ab. Man

---

[7] Jonas, 2003, 178

ist der „Chef" seiner Gefühle, was einem Sicherheit und Kontrolle verleiht. Außerdem ist man von niemand abhängig. Man handelt nach seinem eigenen Plan. Der Grund, wieso viele Menschen Verantwortung als Last ansehen, sind Erfahrungen, die sie einmal gemacht haben. Um unbestraft davon zu kommen, haben wir mitbekommen, dass Lügen und Ausreden helfen. Wenn man die Wahrheit gesagt hat und seine Fehler zugab, wurde man in den meisten Fällen für seine Ehrlichkeit bestraft. Eine Reaktion hierfür war, dass man anderen die Schuld zuweist und sich somit der Verantwortung entzieht.

3. Der ontologische Freiheitsbegriff von Jean-Paul Sartre

Im UTB Handwörterbuch der Philosophie wird zu dem Begriff Verantwortung geschrieben: „Bezeichnet die Zuschreibung des Denkens, Verhaltens und Handelns eines Menschen an dessen freie Willensentscheidung, für die er genau deshalb rechenschaftspflichtig ist und für die er mit allen Konsequenzen einstehen muss. Verantwortung gründet demnach in der Freiheit des Menschen."[8] Die Verantwortung geht somit immer mit der Freiheit eines Menschen einher. Denn ein Mensch kann nur dann zur Rechenschaft gezogen werden, wenn er die Möglichkeit hat, sein Denken, Handeln und Verhalten selbst zu bestimmen. Dabei vollzieht sich die Freiheit auf zwei Ebenen: auf einer willentlichen Ebene, also der Fähigkeit des Menschen, willentlich und bewusst zu handeln sowie einer handlungsorientierten Ebene, die – sofern sie frei ist c als Abwesenheit von äußeren Zwängen verstanden wird.

Der französische Philosoph und Schriftsteller Jean-Paul Sartre war einer der einflussreichsten Denker des 20. Jahrhunderts und beschäftigte sich unter anderem umfangreich mit dem Freiheitsbegriff. Der in dieser Arbeit beschriebene ontologische, existentialistische Freiheitsbegriff nach Sartre umfasst die Situierung des Menschen hinsichtlich seines freiheitlichen Seins – unabhängig jeder politischen Ideologie oder anderen von außen herkommenden Faktoren. Für Sartre ist die Freiheit nicht eine herkomende Eigenschaft oder Qualität des Menschen, sondern viel mehr der Kern des Seins[9]. Der Begriff Freiheit geht also mit der Eigenschaft einher, dass der Mensch sich explizit für etwas entscheiden kann, obwohl er auch die Möglichkeit hat, anders zu entscheiden. Im Mittelpunkt steht also der Mensch: der Mensch ist nicht, sondern muss sich selbst wählen und entwerfen. Es gibt keinen übergreifenden tiefliegenden Sinn des Daseins, der Mensch ist das Wesen, das existiert bevor

---

[8] UTB Handwörterbuch
[9] vgl. Sartre: Das Sein und das Nichts, S. 762

es definiert werden kann: die Existenz geht der Essenz voraus.[10] Der Mensch ist ohne Hilfe und Halt in die Welt geworfen worden und somit zur Freiheit verurteilt. Er muss sich in seinem verlassenen Zustand eigenständig einen Wert erlangen. Er kann sich nicht dafür entscheiden, frei zu sein oder nicht. Selbst dann, wenn der Mensch sich nicht selbst geschaffen hat, ist er vollständig und ganz verantwortlich für seine Existenz.[11] Dem „Inc derc Weltc Sein" soll durch die Verantwortlichkeit einen Wert verleiht werden.

3.1. Freiheit und Handeln

Ferner führt Sartre aus, dass jede individuelle Handlung damit Bedeutung für die gesamte Menschheit hat, denn mit ihr kommt eine neue Handlungsmöglichkeit in die Welt: „bei jeder unserer Taten geht es um den Sinn der Welt und den Platz des Menschen im Universum; selbst wenn wir es nicht wollen, schaffen wir durch jede unserer Taten eine allgemeine Werteskala".[12] Jede einzelne Handlung des Menschen, auch ein „Nicht-Handeln", was auch eine Handlung darstellt, nimmt eine bestimmte Wertung ein, ob man es will oder nicht. Eine Werteskala zu schaffen geht automatisch mit der Handlung des Menschen einher. Aber was ist Handeln überhaupt? Laut Sartre bezeichnet nur intentionales Verhalten eine Handlung.[13] Beim Handeln muss also immer eine Absicht vorhanden sein.

Jeder Mensch besitzt eine öffentliche und eine private Seite. Im privaten Bereich geht der Mensch seinen persönlichen Tätigkeiten nach, d.h. er ist „unsichtbar". Im öffentlichen Bereich hingegen wird der Mensch in einem freien Raum unter Gleichen, sichtbar. Arendt definiert „Freiheit" angelehnt an die Antike: Freiheit bedeutet, aus sich heraus, selbst gewählt, zu handeln, ohne die Verpflichtung zu arbeiten und zu produzieren. Solange ein Mensch der Notwendigkeit unterliegt, zu arbeiten, ist er insofern unfrei, als dass die Arbeit zweckgebunden seine Existenz sichern muss. Auch als Produzent ist er abhängig vom Herstellungsprozess und nicht wirklich frei. Wahrhaft frei ist im Sinne von Aristoteles nur, wer frei über seine Zeit und seinen Aufenthaltsort bestimmen kann.[14] Erst jetzt, im Zusammenhang mit dieser Freiheit, ist der Mensch in der Lage zu handeln. Unter dem Wort „Handeln" versteht Arendt die menschliche Fähigkeit, die Initiative zu ergreifen, einen Anfang zu machen. Sie bezieht sich dazu auf den Kantschen Begriff der Spontanität, der ausdrücken soll, dass jeder von uns „eine Kette" anfangen kann, wenn er die Initiative ergreift. Diese antike Definition der „Freiheit" kann sich ausschließlich auf dem öffentlichen Menschen beziehen, da die Freiheit zu handeln nur in Zusammenhang mit anderen erlebt werden kann.

---

[10] vgl. Sartre: Das Sein und das Nichts, Kapitel 4
[11] vgl. Sartre: Der Existentialismus ist ein Humanismus, 1946, S. 155
[12] Zum Existentialismus – Eine Klarstellung; in Jean-Paul Sartre: Philosophische Schriften Band 4; S. 95
[13] vgl. Sartre: Das Sein und das Nichts, 1994, Kapitel 4.
[14] vgl. Arendt, 2007, S. 22ff.

Die Philosophin merkt ebenso an, dass der Mensch nur in Bezug auf einen anderen Menschen frei sein kann, da man mit sich selbst keine Freiheit erleben kann. Der Mensch kann aber nicht immer nach eigenem Interesse handeln. Es gibt immer wieder Faktoren, die ihn daran hindern.

3.2. Freiheit und Wille

Wenn man von Verantwortung spricht, müssen mindestens drei Aspekte vorausgesetzt werden: es muss eine Handlung getätigt werden. Hierzu gehört auch das bereits genannte Nichtc Handeln, da dieses auch eine gewisse Handlung darstellt. Zudem müssen die Folgen der Handlungen annäherungsweise bewusst sein. Letzteres kommt hinzu, dass eine Entscheidung aus freiem Willen getroffen werden muss. Was versteht man aber unter einem freien Willen? Eine mögliche Definition bedeutet, dass ein freier Wille zu einer Handlung führen kann, die man selbst wollte. Man spricht also von einem freien Willen, wenn man das wollen kann, was man will. Des Weiteren kann man von einem selbstbestimmten Wollen sprechen, wenn man sich freiwillig, also ohne eine Nötigung von Anderen oder inneren Zwängen und Einflüssen, für eine Möglichkeit entscheidet. Descartes unterteilt die menschliche Seele in einen freien Willen und eine „Leidenschaft der Seele", also der Spontanität eines Menschen. Einen freien Willen zu haben bedeutet, dass die Wünsche und Absichten der Menschen die Ursachen für eine Handlung sind. Das menschliche Leben erscheint als Akt, den der Wille frei aus sich hervorbringt. Die menschliche Realität erscheint im Zuge dieser Konzeption als freies Können, dass aber von einer Gesamtheit determinierter Prozesse umlagert ist. Der Mensch wird in diesem Sinne sowohl als frei als auch als unfrei gedacht, was jedoch nach Sartres Auffassung vollkommen unannehmbar ist.[15] Nach Sartre kann die Freiheit nicht auf bestimmte Bereiche eingeschränkt sein. Der Wille, so Sartre, ist, wenn er autonom und freiheitlich sein soll, notwendige Negativität und Nichtungsvermögen. Für Sartre bildet der Wille eine Manifestation der Freiheit.

---

[15] vgl. Sartre: Das Sein und das Nichts, 1994, S. 767

4. Fazit

Viele sehen Verantwortung als ein Opfer an, welches einem unwiderruflich mitgegeben wird. Man sollte es eher positiv sehen, da je mehr man Verantwortung für sein Leben übernimmt, desto mehr kann man es selbst gestalten. Jeanc Paul Sartre erwähnt immer wieder, dass der Mensch verurteilt ist, frei zu sein.[16] Sartre meint hiermit, dass der Mensch zur Freiheit verurteilt ist, da er sich nicht selbst erschaffen hat, sondern in die Welt geworfen wurde und ab diesem Zeitpunkt Verantwortung tragen muss, für das was er tut und das was er ist. Er ist also von Geburt an zu seiner Existenz verpflichtet und muss ab diesem Zeitpunkt Entscheidungen treffen. Mit diesem Zitat geht also einher, dass der Mensch Freiheit ist. Er ist verantwortlich für seine Handlungen und für seine Person, da er sich durch seine Handlungen, die er selbst bestimmt, gestaltet. Demnach bin ich für das verantwortlich, was ich bin und in meinen Entscheidungen, die mich selbst betreffen, frei, da ich immer mehrere Wahlmöglichkeiten im Leben besitze. Jede Entscheidung die ein Mensch trifft, bezieht sich auch auf andere Menschen. Der Mensch kann also seine Freiheit nur so weit ausleben, dass er keine anderen Menschen in ihrer Freiheit verletzt. Denn er kann nur frei sein, wenn ein anderer Mensch auch frei ist. Wenn ich wähle, frei zu sein, entscheide ich mich gleichzeitig für die Verantwortung des Ganzen. Durch einzelne Entscheidungen und Handlungen gestaltet jeder Mensch die Gesellschaft auf seine eigene Art und Weise und ist somit auch für die Gesellschaft mitverantwortlich. „Unsere Freiheit verdammt uns nach Sartre unser ganzes Leben lang dazu, uns zu entscheiden. Auch wer glaubt, sich nicht zu entscheiden, oder endlos seine Entscheidung zu einem wichtigen Thema aufschiebt, hat seine Entscheidung bereits gefällt: nichts zu verändern."[17] Der Mensch muss sich aufgrund seiner Freiheit selbst definieren und ist somit nichts anderes, als das, was er selbst aus sich macht.

Zurückführend lässt sich sagen, dass Verantwortung die Verpflichtung meint, sich zu einer Handlung zu motivieren, die das Richtige darstellt und während dieser möglichst kein Schaden entsteht. Hier geht mit einher, dass die Verantwortung auch bedeutet, für etwas Vergangenes einzustehen. Die menschliche Freiheit, die mit dem Dasein des Menschen begründet ist, ist die Voraussetzung für eine Verantwortungsübernahme.

---

[16] vgl. Sartre: Der Existentialismus ist ein Humanismus, 1946, 155
[17] Online-Magazin: SinndesLebens24.

5. Literaturangaben

Literatur

Arendt, Hannah: Vita activa oder Vom tätigen Leben. München: Piper, 2007.

Jonas, Hans: Das Prinzip Verantwortung: Versuch einer Ethik für die technologische Zivilisation. Frankfurt am Main: Suhrkamp, 2003.

Riemeyer, J.; Huber, A. D. P. V. H.: Die Logotherapie Viktor Frankls und ihre Weiterentwicklungen. Bern: Huber, 2007.

Sandkühler, Hans-Jörg; Regenbogen, Arnim: Europäische Enzyklopädie zu Philosophie und Wissenschaften. Hamburg: F. Meiner, 1990.

Sartre, Jean-Paul: Der Existentialismus ist ein Humanismus und andere philosophische Essays: 1943 - 1948. Reinbek bei Hamburg: Rowohlt, 2000.

Sartre, Jean-Paul: Das Sein und das Nichts: Versuch einer phänomenologischen Ontologie. Reinbek bei Hamburg: Rowohlt Taschenbuch Verlag, 1994.

Walter, Henrik. (1999). Neurophilosophie der Willensfreiheit. Paderborn: Mentis.

Zeitschriften

Robert Leicht, "Eigenverantwortung", in: Die Zeit 01/2004 (2003)

Sven Precht, "Sind wir in unseren Entscheidungen frei?", in: ethikheute (2015)

Internetquellen

Online-Magazin für Philosophie, Glück und Motivation:
https://www.sinndeslebens24.de/jean-paul-sartre-der-mensch-ist-zur-freiheit-verurteilt
(abgerufen am 07.02.18)

Eintrag „Verantwortung" in: UTB Wörterbuch (online):
http://www.philosophie-woerterbuch.de/online-woerterbuch/?tx_gbwbphilosophie_main%5Bentry%5D=925&tx_gbwbphilosophie_main%5Baction%5D=show&tx_gbwbphilosophie_main%5Bcontroller%5D=Lexicon&cHash=e249ae5b1f2f258f09c7c5bf629dc618 (abgerufen am 07.02.18)

Eintrag „Sartre, Jean-Paul" in: UTB Wörterbuch (online):
http://www.philosophie-woerterbuch.de/online-woerterbuch/?tx_gbwbphilosophie_main[entry]=46&tx_gbwbphilosophie_main[action]=show&tx_gbwbphilosophie_main[controller]=Lexicon&no_cache=1 (abgerufen am 07.02.18)

BEI GRIN MACHT SICH IHR WISSEN BEZAHLT

- Wir veröffentlichen Ihre Hausarbeit, Bachelor- und Masterarbeit

- Ihr eigenes eBook und Buch - weltweit in allen wichtigen Shops

- Verdienen Sie an jedem Verkauf

Jetzt bei www.GRIN.com hochladen und kostenlos publizieren